KÖNIGLICHE LIEBE

Königliche Liebe

Prunkvolle Hochzeiten von Grace bis Kate

Herausgegeben von Lisette du Plessis

KNESEBECK

ERSTER TEIL

75 Jahre Fürstenhochzeiten

KÖNIGLICHE

20. November 1947
Prinzessin Elisabeth von England heiratet Leutnant Philip Mountbatten.

19. April 1956
Fürst Rainier III. von Monaco heiratet den Hollywoodstar Grace Patricia Kelly.

6. Mai 1960
Prinzessin Margaret von England heiratet Antony Armstrong-Jones.

14. Mai 1962
Prinz Juan Carlos von Spanien heiratet Prinzessin Sofía von Griechenland.

10. März 1966
Prinzessin Beatrix der Niederlande heiratet Claus von Amsberg.

3. Februar 1968
Prinzessin Benedikte von Dänemark heiratet Richard zu Sayn-Wittgenstein-Berleburg

29. August 1968
Kronprinz Harald von Norwegen heiratet Sonja Haraldsen.

15. Juni 1974
Prinzessin Christina von Schweden heiratet Tord Magnuson.

19. Juni 1976
König Carl XVI. Gustaf von Schweden heiratet Silvia Renate Sommerlath.

1930er – 1940er – 1950er – 1960er – 1970er

7. Januar 1937
Prinzessin Juliana von Oranien-Nassau heiratet Prinz Bernhard zur Lippe-Biesterfeld.

3. Juni 1937
Edward Herzog von Windsor heiratet Wallis Simpson.

15. Mai 1953
Prinzessin Ragnhild von Norwegen heiratet Erling Lorentzen.

2. Juli 1959
Prinz Albert von Belgien heiratet die italienische Prinzessin Paola Ruffo di Calabria.

12. Januar 1961
Prinzessin Astrid von Norwegen heiratet Johan Martin Ferner.

25. und 30. Mai 1961
Prinzessin Birgitta von Schweden heiratet Prinz Johann Georg von Hohenzollern.

29. April 1964
Prinzessin Irene von Oranien-Nassau heiratet Prinz Carlos von Bourbon-Parma.

5. Juni 1964
Prinzessin Désirée von Schweden heiratet Baron Niclas Silfverschiöld.

30. Juni 1964
Prinzessin Margaretha von Schweden heiratet John Ambler.

18 September 1964
Prinzessin Anne-Marie von Dänemark heiratet König Konstantin II. von Griechenland.

10. Januar 1967
Prinzessin Margriet von Oranien-Nassau heiratet Pieter van Vollenhoven.

10. Juni 1967
Prinzessin Margrethe, Thronfolgerin von Dänemark, heiratet Graf Henri André Laborde de Monpezat.

14. November 1973
Prinzessin Anne von England heiratet Captain Mark Phillips.

28. Juni 1975
Prinzessin Christina von Oranien-Nassau heiratet Jorge Guillermo.

28. Juni 1978
Prinzessin Caroline von Monaco heiratet Philippe Junot.

LIEBE 75 Jahre Fürstenhochzeiten

1980er

29. Juli 1981
Prinz Charles von England heiratet Lady Diana Spencer.

29. Dezember 1983
Prinzessin Caroline von Monaco heiratet Stefano Casiraghi.

22. September 1984
Prinzessin Astrid von Belgien heiratet Erzherzog Lorenz von Österreich-Este.

23. Juli 1986
Prinz Andrew von England heiratet Sarah Ferguson.

1990er

12. Dezember 1992
Anne, The Princess Royal von England, heiratet Commander Timothy Laurence.

18. März 1995
Elena Infantin von Spanien heiratet Jaime de Marichalar y Sáenz de Tejada.

1. Juli 1995
Prinzessin Stephanie von Monaco heiratet Daniel Ducruet.

18. November 1995
Prinz Joachim von Dänemark heiratet Alexandra Christina Manley.

4. Okober 1997
Cristina Infantin von Spanien heiratet Iñaki Urdangarín.

23. Januar 1999
Prinzessin Caroline von Monaco heiratet Ernst August Prinz von Hannover.

19. Juni 1999
Prinz Edward von England heiratet Sophie Rhys-Jones.

4. Dezember 1999
Kronprinz Philippe von Belgien heiratet Mathilde d'Udekem d'Acoz.

2000er

17. und 19. Mai 2001
Prinz Constantijn von Oranien-Nassau heiratet Laurentien Brinkhorst.

25. August 2001
Kronprinz Haakon von Norwegen heiratet Mette-Marit Tjessem Høiby.

2. Februar 2002
Kronprinz Willem-Alexander von Oranien-Nassau heiratet Máxima Zorreguieta.

24. Mai 2002
Prinzessin Märtha Louise von Norwegen heiratet Ari Mikael Behn.

12. April 2003
Prinz Laurent von Belgien heiratet Claire Coombs.

12. September 2003
Prinzessin Stéphanie von Monaco heiratet Adans Lopez Peres.

24. April 2004
Prinz Johan Friso von Oranien-Nassau heiratet Mabel Wisse Smit.

14. Mai 2004
Kronprinz Frederik von Dänemark heiratet Mary Elizabeth Donaldson.

22. Mai 2004
Prinz Felipe von Spanien heiratet Letizia Ortiz.

9. April 2005
Prinz Charles von England heiratet Camilla Parker Bowles.

24. Mai 2008
Prinz Joachim von Dänemark heiratet Marie Agathe Odile Cavallier.

2010er

19. Juni 2010
Kronprinzessin Victoria von Schweden heiratet Daniel Westling.

29. April 2011
Prinz William von England heiratet Catherine Middleton.

1930er

7. Januar 1937

Prinzessin Juliana von Oranien-Nassau
(Königin Juliana der Niederlande 1948–1980)
heiratet Prinz Bernhard zur Lippe-Biesterfeld.

3. Juni 1937

Edward Herzog von Windsor
(Januar–Dezember 1936 als Edward VIII. König von England)
heiratet Wallis Simpson.

Frankreich, 3. Juni 1937 – Edward Herzog von Windsor (von Januar–Dezember 1936 König Edward VIII.) heiratet Wallis Simpson auf Château de Candé.

»Ohne die Hilfe und Unterstützung der Frau, die ich liebe, war es mir nicht möglich, die Bürde der Verantwortung zu tragen und meine Pflichten als König in der mir angemessen scheinenden Weise zu erfüllen.«

Edward VIII. im Rundfunk nach seiner Abdankung am 11. Dezember 1936

1940er

20. November 1947

Prinzessin Elisabeth von England
(Königin Elisabeth II. seit 1952)
heiratet Leutnant Philip Mountbatten.

England, 20. November 1947 – Prinzessin Elisabeth von England (seit 1952 Königin Elisabeth II.) heiratet Leutnant Philip Mountbatten in der Westminster Abbey zu London.

»Bei volleren Kassen und Magazinen wären die heutigen Feierlichkeiten zu Ehren der Hochzeit von Prinzessin Elisabeth und dem Herzog von Edinburgh vielleicht etwas reicher und glänzender, aber keinesfalls spontaner oder bewegender ausgefallen.«

»Die Zeremonie in Westminster Abbey wurde elegant und klug geplant, und die Prinzessin bewies bei der Auswahl der Musikstücke einen Geschmack, der eines Musiklehrers der Universität London würdig gewesen wäre. Bei günstiger Witterung werden an diesem Morgen die Menschenmassen entlang der Mall und Whitehall die Stunden zählen, bis sie endlich einen flüchtigen Blick auf die gläserne Kutsche und die Paradeuniformen der königlichen Eskorte werfen können, auf all die gekrönten Häupter und den Glanz staatlicher Prachtentfaltung. Viele werden das Ereignis an den Rundfunkgeräten verfolgen. Der ursprüngliche Plan einer schlichten Hochzeit wurde um der Wünsche von Nation und Empire willen ebenso verworfen wie schon vor 131 Jahren – in nicht weniger schweren Zeiten – bei der Hochzeit von Prinzessin Charlotte and Prinz Leopold. Wer noch im Juli davon ausgehen mochte, die von Lebensmittelmarken und Beschränkungen geplagten Massen könnten einer schlichten Zeremonie den Vorzug geben, der versteht die Menschen nicht. Je trüber die Zeiten, desto mehr verlangt es sie nach glänzenden Schauspielen und Fanfarenklängen.«

Manchester Guardian, 20. November 1947

1950er

15. Mai 1953
Prinzessin Ragnhild von Norwegen heiratet Erling Lorentzen.

19. April 1956
Fürst Rainier III. von Monaco heiratet die amerikanische Schauspielerin Grace Patricia Kelly.

2. Juli 1959
Prinz Albert von Belgien heiratet die italienische Prinzessin Paola Ruffo di Calabria.

Monaco, 19. April 1956 – Fürst Rainier III. von Monaco heiratet die amerikanische Schauspielerin Grace Patricia Kelly. Die weltlichen und geistlichen Feierlichkeiten werden per Fernsehen in alle Welt übertragen.

»Die Klippen und Felsen der Côte d'Azur hallten wider vom Gebrüll des Metro-Goldwyn-Mayer-Löwen.«

»Die Trauungszeremonie von Fürst Rainier von Monaco und der Schauspielerin Grace Kelly wurde nicht zu dem erhofften Höhepunkt. Die hochgesteckten Erwartungen mussten zwangsläufig enttäuscht werden. Die öde Trauungszeremonie, die heute Morgen im Thronsaal des Palastes von Monaco vollzogen wurde, hatte so gar nichts von jener Romantik an sich, wie man sie aus Hollywood kennt. Das steife Hofzeremoniell ließ nicht einmal Raum für den Austausch von Küssen zwischen den Brautleuten – ein Umstand, der bei jenen Journalisten der westlichen Welt für Bestürzung sorgte, die unbescheiden geglaubt hatten, wenigstens für kurze Zeit Teil jener mediterranen Welt der langweiligen oder ausschweifenden Vergnügungen geworden zu sein.«

Times, 19. April 1956

»… Ihre Erscheinung war von außerordentlichem Liebreiz.«

»Nicht einmal der Anflug eines Lächelns huschte über die Lippen Grace Kellys, die vergebens versuchte, ihr Lampenfieber hinter einer Maske eiserner Selbstkontrolle zu verbergen. Sie warf dem zu ihrer Rechten sitzenden Fürsten manch raschen, nervösen Blick zu, doch suchten ihre Augen vergebens die seinen, um daraus Kraft zu schöpfen. Dessen ungeachtet war ihre Erscheinung von außerordentlichem Liebreiz. Sie trug ein schlichtes Kleid von beiger Spitze mit Peter-Pan-Kragen und hielt die behandschuhten Hände die meiste Zeit über bewegungslos im Schoß. Der knapp sitzende Hut unterstrich die kunstvolle Schlichtheit der Frisur.«

Times, 19. April 1956

6. Mai 1960

Prinzessin Margaret von England heiratet Antony Armstrong-Jones.

12. Januar 1961

Prinzessin Astrid von Norwegen heiratet Johan Martin Ferner.

25. und 30. Mai 1961

Prinzessin Birgitta von Schweden heiratet Prinz Johann Georg von Hohenzollern.

14. Mai 1962

Prinz Juan Carlos von Spanien heiratet Prinzessin Sofía von Griechenland.

29. April 1964

Prinzessin Irene von Oranien-Nassau heiratet den carlistischen Prinzen Carlos von Bourbon-Parma.

5. Juni 1964

Prinzessin Désirée von Schweden heiratet Baron Niclas Silfverschiöld.

30. Juni 1964

Prinzessin Margaretha von Schweden heiratet den Londoner Geschäftsmann John Ambler.

18. September 1964

Prinzessin Anne-Marie von Dänemark heiratet König Konstantin II. von Griechenland.

1960er

10. März 1966

Prinzessin Beatrix der Niederlande heiratet den deutschen Diplomaten Claus von Amsberg.

10. Januar 1967

Prinzessin Margriet von Oranien-Nassau heiratet Pieter van Vollenhoven.

10. Juni 1967

Prinzessin Margrethe, Thronfolgerin von Dänemark, heiratet den französischen Grafen Henri André Laborde de Monpezat.

3. Februar 1968

Prinzessin Benedikte von Dänemark heiratet Prinz Richard zu Sayn-Wittgenstein-Berleburg.

29. August 1968

Kronprinz Harald von Norwegen heiratet Sonja Haraldsen.

England, 6. Mai 1960 – Prinzessin Margaret von England heiratet Antony Armstrong-Jones in der Westminister Abbey zu London (links bei der Bekanntgabe ihrer Hochzeit).

»Von frühester Kindheit an war sie der Liebling des ganzen Landes, auf nahezu unbeschreibliche Weise bewundert und behütet, für 50 Millionen Briten wie eine eigene Tochter.«

»Ihre Freuden und gelegentlichen Leiden waren die Freuden und Leiden aller Menschen. Sie war ihnen so vertraut, dass sie glaubten, sich in ihre Herzensangelegenheiten einmischen zu dürfen. Vor vier Jahren litten die Massen mit ihr, als sie sich wegen der starren Regeln der Church of England und der unerbittlichen Traditionen des Königshauses gezwungen sah, ihrer Liebe zu dem Luftwaffenoffizier Peter Townsend abzuschwören, da dieser geschieden war. Später gebärdete sich die britische Öffentlichkeit wie Eltern in Torschlusspanik und beklagte lauthals, dass die Prinzessin auf die Dreißig zuging und somit Gefahr lief, zu einer alten Jungfer zu verkommen. Nun hat Königin Elisabeths einzige Schwester nach heimlicher Werbung und kurzer Verlobungszeit tatsächlich geheiratet, und die in sie vernarrten Massen waren elektrisiert – und nicht wenig betroffen. Denn in vieler Hinsicht ist dies eine höchst unkonventiuonelle Verbindung. Schließlich hat es Prinzessin Margaret als erstes Mitglied der Königsfamilie seit 450 Jahren gewagt, einen Bürgerlichen zu heiraten.«

LIFE, 16. Mai1960

Griechenland, 14. Mai 1962 – Prinz Juan Carlos von Spanien (seit 1975 König Juan Carlos), heiratet Prinzessin Sofía von Griechenland in zwei aufeinanderfolgenden Zeremonien, erst in der katholischen Kirche von St. Denis, dann in der griechisch-orthodoxen Kathedrale von Athen.

»Es war einmal, da vermählte sich eine blauäugige griechische Prinzessin mit einem hochgewachsenen, blondgelockten spanischen Prinzen.«

»Strahlend weiß schimmerte das Hochzeitskleid, und acht Prinzessinnen aus sechs Ländern trugen die luftige, meterlange Schleppe. Alle, die die Braut sahen, stimmten darin überein, dass sie von schwanenartiger Schönheit war.

Die gekrönten Häupter sowie der Hochadel ganz Europas hatten sich versammelt und ihre Geschenke mitgebracht: Geschmeide von Saphiren und Smaragden, Rubinen und Perlen, dazu viele andere Kostbarkeiten. Und Hunderttausende von königstreuen Untertanen jubelten in den Straßen. Für Prinzessin Sophie von Griechenland und Prinz Juan Carlos von Spanien wurde dieses Märchen hier und heute Wirklichkeit.«

New York Times, 15. Mai 1962

Italien, 29. April 1964 – Prinzessin Irene der Niederlande heiratet in Rom den Carlistenprinzen Carlos von Bourbon-Parma – eine umstrittene Verbindung.

»Nach einem Wochenende auf dem Land kehrte Prinzessin Irene der Niederlande heute nach Paris zurück, um Vorbereitungen für ihre Hochzeit mit Carlos von Bourbon-Parma zu treffen.«

»In einem Interview, das sie dem Korrespondenten der Nachrichtenagentur Reuters gab, erklärte sie, sie sei glücklich über ihre wundervolle Liebesbeziehung und unglücklich über die dadurch entstandenen Spannungen mit ihrer Familie. Don Carlos, der an ihrer Seite war, erklärte, die Prinzessin fände Trost in täglichen Telefongesprächen mit ihren Eltern, Königin Juliana und Prinz Bernhard (die bereits angekündigt haben, dass sie der Hochzeit fernbleiben werden). Er fügte hinzu, dass ›gewisse politische Kreise‹ alle Anstrengungen unternähmen, um die Hochzeit zu hintertreiben. ›Für Prinzessin Irene und ihre Eltern ist das sehr schmerzlich. Es ist unfair und grausam.‹ Sobald sich der politische Sturm, der um die Hochzeit entbrannt sei, gelegt habe, würde man Holland besuchen. Für Prinzessin Irene bedeute es das höchste Glück, ihre Familie wiederzusehen.«

Times, 21. April 1964

Griechenland, 18. September 1964 – Prinzessin Anne-Marie von Dänemark heiratet in Athen König Konstantin II. von Griechenland.

»Es war die erste Hochzeit eines regierenden griechischen Königs seit hundert Jahren, und Athen trieb einen unvergesslichen Aufwand.«

»Konstantin, König der Hellenen und jüngster regierender Fürst der Welt, heiratete an diesem Morgen die achtzehnjährige Prinzessin Anne-Marie von Dänemark unter den Augen einer beeeindruckenden Versammlung gekrönter Häupter.

Nach einem Tag, der ausgefüllt war mit glanzvollem Zeremoniell, zogen sich der 24-jährige König und seine Braut zur Hochzeitsreise in die Ägäis zurück. Es war die erste Hochzeit eines regierenden griechischen Königs seit hundert Jahren, und Athen trieb einen unvergesslichen Aufwand. Bereits um sechs Uhr morgens wimmelte es in den Straßen vor Menschen. Rund eine Million warteten darauf, den Hochzeitszug zur und von der Kathedrale zu beobachten. Auf jedem Balkon der Stadt drängten sich die Schaulustigen, schwitzten und schwenkten Bänder in Rot und Blau, den Hauptfarben der Flaggen Dänemarks und Griechenlands.

… Der König trug die blütenweiße Uniform eines Feldmarschalls, wobei das hohe Képi seine strahlend jungenhaften Züge noch unterstrich. An seinem schimmernden Waffenrock glühten die goldenen Borten, Bänder, Sterne und Abzeichen der vier Hausorden Griechenlands wie die heiße Morgensonne. Die Epauletten waren mit dem griechischen Buchstaben »P« verziert zum Gedenken an seinen Vater, König Paul, der im vergangenen März verstorben ist.

›Wie sehr wünschte ich doch‹, sagte der König bei passender Gelegenheit, ›mein lieber Vater könnte heute bei uns sein.‹

… Anne-Marie war offensichtlich nervös. Die Hitze setzt ihr zu wie den meisten der hohen Gäste, die sich lebhaft Kühlung zufächelten. Außer wenn Konstantin sie anlächelte oder ihr etwas zuflüsterte, wirkte sie wie versteinert.«

New York Times, 18. September 1964

Niederlande, 10. März 1966 – Prinzessin Beatrix von Oranien-Nassau (seit 1980 Königin Beatrix) heiratet allen Protesten zum Trotz den deutschen Diplomaten Claus von Amsberg.

14. November 1973

Prinzessin Anne von England heiratet Captain Mark Phillips.

15. Juni 1974

Prinzessin Christina von Schweden heiratet den Geschäftsmann Tord Magnuson.

1970er

28. Juni 1975

Prinzessin Christina von Oranien-Nassau heiratet den in New York lebenden Kubaner Jorge Guillermo.

19. Juni 1976

König Carl XVI. Gustaf von Schweden heiratet Silvia Renate Sommerlath.

28. Juni 1978

Prinzessin Caroline von Monaco heiratet den Geschäftsmann Philippe Junot.

England, 14. November 1973 – Prinzessin Anne von England heiratet Captain Mark Phillips in der Westminster Abbey zu London (rechts vor der Trauung).

»Vor rund 200 Auslandsjournalisten schilderte gestern der Dekan von Westminster, Eric Abbot, den Ablauf der Trauungszeremonie …

… Er erfreute sie alle mit der Nachricht, Captain Phillips werde in voller Galauniform mit Degen und Sporen erscheinen und er werde darin in der Tat eine sehr gute Figur machen.«

Times, 14. November 1973

Schweden, 19. Juni 1976 – König Carl XVI. Gustaf von Schweden heiratet Silvia Renate Sommerlath in Storkyrkan, der Großen Kathedrale von Stockholm.

»›Als ich sie zum ersten Mal sah, hat es Klick gemacht, und dabei ist es geblieben‹, erklärte der dreißigjährige König unlängst auf einer Pressekonferenz.«

»Der König und die Bürgerliche, die bei ihrer ersten Begegnung dieses folgenschwere ›Klick‹ ausgelöst hatte, konnten ihre Verbindung zwei Jahre lang geheimhalten. Doch nun werden sie mit gebührender Pracht und unter den Augen des europäischen Hochadels sowie eines nach Millionen zählenden Fernsehpublikums den Bund der Ehe schließen. König Carl XVI. Gustaf und Silvia Sommerlath, Tochter eines westdeutschen Geschäftsmannes im Ruhestand, werden in der Storkyrkan-Kathedrale die erste Hochzeit eines regierenden schwedischen Königs seit 180 Jahren feiern.

»Als ich sie zum ersten Mal sah, hat es ›Klick‹ gemacht, und dabei ist es geblieben«, erklärte der dreißigjährige König unlängst auf einer Pressekonferenz.
Der lockenköpfige Fürst hatte seine Zukünftige 1972 auf einer Privatparty während der olympischen Spiele in München kennengelernt, wo Sylvia Sommerlath als Chefhostess arbeitete. Bis dahin hatte er im Ruf eines Playboys gestanden, dessen Leidenschaften schnellen Autos, Rennbooten und Diskobesuchen mit wechselnden Freundinnen gegolten hatten. Doch damit war schnell Schluss.«

Times-News, 19. Juni 1976

Monaco, 28. Juni 1978 – Prinzessin Caroline von Monaco heiratet den Geschäftsmann Philippe Junot standesamtlich und kirchlich.

»Aus dem Fürstenpalast in Monte Carlo verlautete heute offiziell, dass Prinzessin Caroline von Monaco, älteste Tochter von Fürst Rainier und Prinzessin Gracia Patricia, mit Philippe Junot, Versicherungsmakler aus Paris, den Bund der Ehe eingehen wird.«

»… Diese Ankündigung setzte einer wahren Flut von Gerüchten um die bevorstehende Verehelichung einer der attraktivsten Thronfolgerinnen Europas ein Ende.
Einige Jahre lang war der Name der gerade einmal zwanzigjährigen Prinzessin regelmäßig durch die Presse gegangen. Ihre Herkunft, ihr Charme, ihr lebensprühendes Wesen und die wahre oder vermeintliche Zahl ihrer Verehrer sorgten für Schlagzeilen bei den großen Illustrierten und füllten die Klatschkolumnen – nicht nur in ihrer Heimat. Als Heiratskandidaten wurden Popstars und amerikanische Millionäre ebenso gehandelt wie beispielsweise der Prince of Wales. Über jedes Detail ihres Gefühlslebens, jeden sozialen Kontakt wurde minutiös berichtet, und was man las, sorgte in der jungen und nicht mehr ganz so jungen Männerwelt Frankreichs für Herzklopfen. Millionen gilt sie als leuchtendes Symbol für Glamour und Romantik mit einem Hauch von Märchenprinzessin.«

Times, 25. August 1977

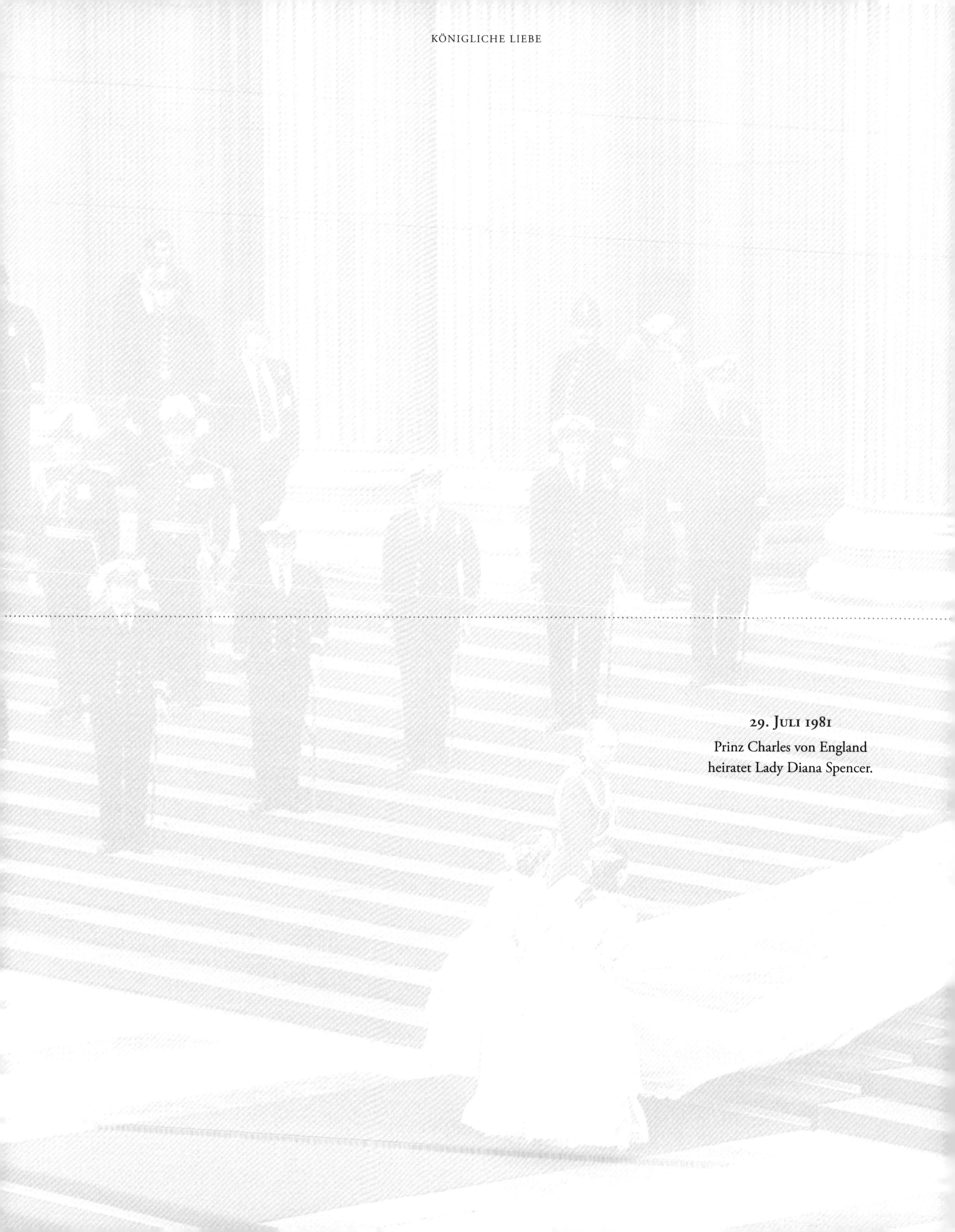

29. Juli 1981

Prinz Charles von England heiratet Lady Diana Spencer.

1980er

29. Dezember 1983

Prinzessin Caroline von Monaco heiratet Stefano Casiraghi.

22 September 1984

Prinzessin Astrid von Belgien heiratet Erzherzog Lorenz von Österreich-Este.

23. Juli 1986

Prinz Andrew von England heiratet Sarah Ferguson.

England, 29. Jui 1981 – Prinz Charles von England heiratet Lady Diana Spencer in der St.-Pauls-Kathedrale zu London (links die Verlobungsanzeige).

»Entgegen bisheriger Übung bei Hofe hat Lady Diana Spencer beschlossen, anlässlich ihrer Hochzeit in vier Wochen das Versprechen des Gehorsams gegenüber ihrem Gemahl Prinz Charles nicht abzulegen.«

»Seit 1662 wird beim traditionellen Eheversprechen der Braut nach anglikanischem Ritus das im ›Book of Common Prayer‹ festgelegte Wort ›Gehorsam‹ verwendet. Königin Elisabeth II., Prinzessin Margaret, Prinzessin Anne und eine lange Reihe königlicher Bräute vor ihnen ließen sich nach dieser Formel trauen. Lady Diana hingegen hat beschlossen, dem neuen Ritual der Church of England zu folgen. Danach wird sie während der Trauung in der St.-Pauls-Kathedrale nur mehr geloben, ›ihn zu lieben, zu trösten, zu ehren und zu bewahren in guten wie in bösen Tagen‹. Prinz Charles und seine Verlobte, so hieß es, befürworteten beide eine langsame, aber stetige Modernisierung des höfischen Protokolls und hätten sich nach intensivem Meinungsaustausch mit dem Erzbischof von Canterbury für die – inzwischen gebräuchlichere – moderne Formel entschieden.«

New York Times, 2. Juli 1981

»Die wahren Ausmaße der Brautschleppe wurden erst offenbar, als Diana vor der St.-Pauls-Kathedrale aus der Kutsche stieg. Sie übertraf mit über sieben Metern vermutlich alles, was man bisher in englischen Kirchen gesehen hatte.«

»Sie war so lang, dass sich beim Verstauen in der Kutsche Knitterfalten gebildet hatten, die erst geglättet werden mussten, ehe Diana zum Altar schreiten konnte. Als sie sich später ohne die Assistenz von Brautjungfern ins Heiratsregister eintrug, kroch die Schleppe hinter ihr her wie ein eleganter Tausendfüßler.
Nachdem sie den Platz an Charles' Seite eingenommen hatte, begab sich das Brautpaar sogleich zur feierlichen Trauungszeremonie. Bei den Worten ›es wurde bestimmt, dass die Kinder …‹ lächelte sie ihm von der Seite zu. Er vermochte ihrem Lächeln nicht zu widerstehen, lächelte zurück – und aus dem Lächeln wurde ein Lachen … Auch während des weiteren Ablaufs der Zeremonie riskierte er manchen Blick zur Seite, und als er gelobte, sie zu lieben und zu bewahren, traf sie ein besonders tiefer Blick seiner Augen.«

Guardian, 30. Juli 1981

»Tausende von Schaulustigen drängten sich gestern gut gelaunt in der heißen Sonne auf der Suche nach dem idealen Aussichtspunkt entlang der Route des Hochzeitszuges.«

»Es schien, als sei das West End von London zum Austragungsort des größten Fußballspiels aller Zeiten geworden – nur dass hier alle der gleichen Partei zujubelten.
›Hochzeitsfieber, Hochzeitsfieber‹, sang ein Imbissverkäufer in Picadilly, der sich plötzlich eingekeilt sah in einer Horde ebenso gieriger wie ungebärdiger Patrioten. Außerhalb des Buckingham-Palastes glich die Szenerie einem riesigen Picknick oder einem Popfestival ohne Musik. Viele Leute hatten die Nacht unter freiem Himmel verbracht, und die meisten erzählten vergnügt, sie hätten dabei nicht viel Schlaf gefunden.«

Guardian, 29. Juli 1981

England, 23 Juli 1986 – Prinz Andrew von England heiratet Sarah Ferguson in der Westminster Abbey zu London (links die Verlobungsanzeige).

12. Dezember 1992

Anne, Princess Royal von England, heiratet Commander Timothy Laurence.

1990er

18. März 1995

Elena Infantin von Spanien heiratet Jaime de Marichalar y Sáenz de Tejada.

1. Juli 1995

Prinzessin Stephanie von Monaco heiratet Daniel Ducruet.

18. November 1995

Prinz Joachim von Dänemark heiratet die in Hong Kong geborene Alexandra Christina Manley.

4. Oktober 1997

Cristina Infantin von Spanien heiratet den baskischen Handballspieler Iñaki Urdangarín.

23. Januar 1999

Prinzessin Caroline von Monaco heiratet Prinz Ernst August von Hannover.

19. Juni 1999

Prinz Edward von England heiratet Sophie Rhys-Jones.

4. Dezember 1999

Kronprinz Philippe von Belgien heiratet Mathilde d'Udekem d'Acoz.

England, 9. Juni 1999 – Prinz Edward von England heiratet Sophie Rhys-Jones in Windsor Castle.

»An einem perfekten Tag für eine Hochzeit heiratete Königin Elisabeths Jüngster, Prinz Edward, Sophie Rhys-Jones in der schlichtesten und bescheidensten Fürstenhochzeit, die England seit Jahrzehnten erlebt hat.«

»Der 35-jährige Bräutigam, der eine Filmproduktionsgesellschaft betreibt, und seine 34-jährige Braut, eine PR-Angestellte, kennen die Medien und meiden sie. Auf Windsor Castle, 15 Meilen themseabwärts von London entfernt, planten sie ein Fest, das so viel an Privatheit garantierte, wie angesichts des weltweiten Medieninteresses möglich war. Nicht einmal am obligatorischen Brautkuss nach der Trauung wollten die Neuvermählten die Öffentlichkeit teilhaben lassen.

In der Tat: Diese Hochzeit hatte so gar nichts von dem großzügigen Volksfestcharakter, der die Vermählungsfeierlichkeiten von Edwards Schwester Anne und seinen Brüdern Charles und Andrew ausgezeichnet hatte. Aber deren Ehen hatten alle in von der Presse genüsslich kolportierten Scheidungen geendet, und es ging die Rede, Edward habe beschlossen, seine Ehe anders zu beginnen als seine Geschwister, damit sie nicht auf die gleiche Weise enden möge.«

Washington Post, 20. Juni 1999

Belgien, 4. Dezember 1999 – Kronprinz Philippe von Belgien heiratet Mathilde d'Udekem d'Acoz im Rathaus von Brüssel und anschließend in der Michaelskathedrale.

»Eine spektakuläre Traumhochzeit mit dem belgischen Kronprinzen Philippe machte die kaum bekannte Logopädin Mathilde d'Udekem zur Prinzessin. Nun könnte sie die erste belgische Königin werden, die im Land geboren ist.«

»Es war das größte Fest, das am belgischen Hof seit Jahrzehnten gefeiert worden war, und wenn irgend etwas die glanzvolle Zeremonie und die vielen gekrönten Häupter in den Schatten stellen konnte, dann war es Mathilde, angetan mit einem eierschalenfarbenen Traum aus Krepp und Seide. Sie trug eine Schleppe aus jahrhundertealter Brüsseler Spitze, gekrönt von einer juwelenbesetzten Tiara. Als Mathilde und Philippe auf dem Balkon des gotischen Brüsseler Rathauses erschienen, schallte ihnen vom Großen Platz ein tausendfaches ›Mathilde! Mathilde!‹ entgegen. Und als der Kronprinz sein Jawort sprach, drangen Hochrufe durch die Fenster. ›Ganz Belgien ist Ihrem Liebreiz verfallen‹, erklärte der Brüsseler Bürgermeister François-Xavier de Donnea während der zivilrechtlichen Trauung, die nach belgischem Recht der kirchlichen voranzugehen hat.«

Post and Courier, 5. Dezember 1999

17. und 19. Mai 2001

Prinz Constantijn von Oranien-Nassau heiratet Laurentien Brinkhorst.

25. August 2001

Kronprinz Haakon von Norwegen heiratet Mette-Marit Tjessem Høiby.

2. Februar 2002

Kronprinz Willem-Alexander von Oranien-Nassau heiratet Máxima Zorreguieta.

24. Mai 2002

Prinzessin Märtha Louise von Norwegen heiratet Ari Mikael Behn.

12. April 2003

Prinz Laurent von Belgien heiratet Claire Coombs.

12 September 2003

Prinzessin Stéphanie von Monaco heiratet den portugiesischen Zirkusartisten Adans Lopez Peres.

2000er

24. April 2004

Prinz Johan Friso von Oranien-Nassau heiratet Mabel Wisse Smit.

14. Mai 2004

Kronprinz Frederik von Dänemark heiratet die Australierin Mary Elizabeth Donaldson.

22. Mai 2004

Prinz Felipe von Spanien heiratet die Journalistin Letizia Ortiz.

9. April 2005

Prinz Charles von England heiratet Camilla Parker Bowles.

24. Mai 2008

Prinz Joachim von Dänemark heiratet Marie Agathe Odile Cavallier.

Norwegen, 25. August 2001 – Kronprinz Haakon von Norwegen heiratet Mette-Marit Tjessem Høiby im Osloer Dom.

»Unter den Augen zahlreicher gekrönter Häupter gab heute der norwegische Thronfolger, Kronprinz Haakon, einer Frau das Jawort, die alles andere ist als eine gewöhnliche Bürgerliche.«

»Sie heißt Mette-Marit Tjessem Høiby, ist 28 Jahre alt, hat bereits als Kellnerin gearbeitet und bringt einen vierjährigen Sohn aus einer früheren Beziehung mit in die Ehe. Außerdem war sie einst im drogenverdächtigen Osloer Rave-Milieu unterwegs. Dennoch wird sie wohl eines Tages Königin von Norwegen und eine der ungewöhnlichsten Fürstinnen Europas. Einstweilen darf sie sich ›Ihre königliche Hoheit Kronprinzessin Mette-Marit‹ oder ganz einfach Mette-Marit nennen …

Während der für dieses egalitäre nordische Königreich ungewöhnlich prächtigen und pompösen Zeremonie traten Haakon and Mette-Marit äußerst hoheitsvoll auf – sie in einem Brautkleid von weißer Seide mit einer sieben Meter langen Schleppe, er in schwarzer Galauniform mit roter Schärpe und Orden. Aber all den 800 im Dom versammelten Gästen – darunter Prinz Charles und andere von Beziehungskrisen geplagte künftige Herrscher –, war klar, dass Haakon and Mette-Marit eine neue, freiere Form fürstlicher Existenz erprobten. ›In der letzten Generation kam es zu den ersten Verbindungen mit Bürgerlichen‹, erklärt der Biograph Theo Aronson. ›Diese junge Generation hat sich von alten Zwängen befreit. Mette-Marits unehelicher Sohn stellt keine Belastung mehr dar. Unlängst hat man ihn Norwegens Charme-Troll genannt – ein Kosename –, und bei der heutigen Zeremonie stand er an vorderster Front.«

New York Times, 26. August 2001

Niederlande, 2. Februar 2002 – Kronprinz Willem-Alexander von Oranien-Nassau heiratet Máxima Zorreguieta standesamtlich im Kongresszentrum Beurs van Berlage und kirchlich in der Nieuwe Kerk, Amsterdam.

»Wenn Königin Beatrix der Niederlande heute in Amsterdam der Trauung ihres ältesten Sohnes Willem-Alexander mit der glamourösen argentinischen Grundbesitzerstochter Máxima Zorreguieta beiwohnt, könnte daraus eine weitere königliche Märchenhochzeit werden.«

»Doch all der Pomp vermag nur mühsam die heftigen Kontroversen zu einem Problem zu überdecken, an denen die Hochzeit letztlich hätte scheitern können und zu denen die Person des Brautvaters, Jorge Zorreguieta, Anlass gab. Dieser war Landwirtschaftsminister unter dem argentinischen Militärdiktator Jorge Videla, dessen blutigem Regiment zwischen 1976 und 1983 an die 30 000 Menschen zum Opfer fielen.
Obwohl Zorreguieta wohl nicht persönlich in diese Verbrechen verstrickt war, gilt er doch als Mitwisser, der nicht versucht hat, sie zu verhindern. Ein Bericht der niederländischen Regierung kommt zum gleichen Ergebnis, doch Máxima (30) erklärte beharrlich, sie glaube den Unschuldsbeteuerungen ihres Vaters. Ihr Zukünftiger (34) scheint gegenüber seinem umstrittenen Schwiegervater ebenfalls den Rechtsgrundsatz der Unschuldsvermutung anzuwenden …
Es war vor allem Máxima, der ehemaligen New Yorker Investmentbankerin, zu verdanken, dass die holländische Königsfamilie unbeschadet durch diese Turbulenzen kam und die Hochzeit stattfinden kann.
Mit unglaublicher Professionalität hat sie es verstanden, die Herzen der Niederländer zu gewinnen, und damit vielleicht sogar die Monarchie gerettet, zumindest aber eine Peinlichkeit in einen triumphalen Erfolg ihrer Öffentlichkeitsarbeit umgewandelt.«

The Guardian, 2. Februar 2002

Dänemark, 14. Mai 2004 – Kronprinz Frederik heiratet die Australierin Mary Elizabeth Donaldson im Dom von Kopenhagen mit anschließendem Empfang auf Schloss Fredensborg.

»Mit einem volltönenden ›Ja‹ vor dem Traualtar im Dom zu Kopenhagen endete die bemerkenswerte Mutation der Mary Elizabeth Donaldson von einer bürgerlichen Australierin zur europäischen Kronprinzessin.«

»Vor 800 Gästen, darunter die Crème der neuen adeligen Verwandtschaft Prinzessin Marys, gelobte eine elegante Ms Donaldson (32), ihren Mann zu lieben und zu ehren, und das war kein Geringerer als Kronprinz Frederik, der 35-jährige dänische Thronfolger. Die Liebesgeschichte der beiden hat Millionen von Dänen gefangen genommen, und der Ton, in dem sie von ihrem ›Kaengu‹ (Känguru) sprechen, ist durchaus ehrerbietig.«

Sydney Morning Herald, 15. Mai 2004

»Ich liebe dich, Mary. Komm, lass uns aufbrechen! Komm, lass uns schauen! In Tausenden von Welten wartet eine unbeschwerte Liebe auf uns.«

Aus der Hochzeitsansprache des Kronprinzen Frederik an seine Braut.

England, 9. April 2005 – Prinz Charles von England heiratet Camilla Parker Bowles in der Guildhall von Windsor, gefolgt von einem Gottesdienst in der St.-Georgs-Kapelle in Schloss Windsor.

»Sie haben Beecher's Brook und The Chair und alle anderen furchterregenden Hindernisse übersprungen.«

»In ihrer Ansprache verglich Königin Elisabeth die lange und erst spät eingesegnete Liebesbeziehung ihres Sohnes und seiner Braut mit dem ›Grand National‹, dem berühmtesten und schwierigsten Pferdehindernisrennen Englands, und hieß damit die neue Herzogin von Cornwall auf dem ›Siegespodest‹ der Königsfamilie willkommen.

Vor 800 Gästen gab die Königin zunächst bekannt, *Hedgehunter*, geritten von Ruby Walsh und trainiert von Willie Mullins, habe das traditionsreiche Rennen gewonnen, ehe sie die Parallele zog zu dem langen Weg, den Charles und Camilla in ihrer Beziehung zurückgelegt hätten und der gespickt gewesen sei mit Hindernissen wie die berüchtigte Rennbahn von Aintree.

›Sie haben Beecher's Brook und The Chair und alle anderen furchterregenden Hindernisse übersprungen‹, erklärte die Königin vor einer illustren Versammlung von gekrönten Häuptern, Familienmitgliedern und den Spitzen der Gesellschaft. ›Sie haben den Parcours geschafft. Darauf bin ich stolz und wünsche ihnen alles Gute. Mein Sohn ist mit der Frau, die er liebt, endlich zu Hause angekommen.«

Irish Times, 11. April 2005

2010er

19. Juni 2010

Kronprinzessin Victoria von Schweden
heiratet Daniel Westling.

Schweden, 19. Juni 2010 – Kronprinzessin Victoria von Schweden heiratet Daniel Westling im Stockholmer Dom.

ZWEITER TEIL

WILLIAM und CATHERINE

WILLIAM &

9. Januar 1982
Catherine Elizabeth Middleton wird in England im Royal Berkshire Hospital, Reading, geboren. Sie ist das erste Kind von Michael und Carole Middleton aus Bradfield Southend, West Berkshire.

20. Juni 1982
Catherine wird in der Kirche von St. Andrew's Bradfield in West Berkshire getauft.

21. Juni 1982
Prinz William wird in England im St. Mary's Hospital, Paddington, London, geboren. Er wiegt 3200 Gramm.

4. August 1982
Der Prinz wird im Buckingham Palace in London vom Erzbischof von Canterbury, Dr. Robert Runcie, auf die Namen William Arthur Philip Louis getauft.

1982 — 1984 — 1985 — 1986 — 1987 — 1990 — 1991 — 1992 — 1995 — 1996 — 1997

Mai 1984
Die Middletons ziehen nach Amman in Jordanien, wo Catherine einen englischsprachigen Kindergarten besucht.

24. September 1985
Im Alter von drei Jahren wird Prinz William in den Kindergarten *Mrs Mynor's Nursery School* in West London aufgenommen.

September 1986
Die Middletons kehren nach Berkshire zurück, und Catherine besucht die *St. Andrew's School* in der Nähe von Pangbourne.

15. Januar 1987
Prinz William besucht die *Wetherby Prepreparatory School* in Notting Hill, West London.

10. September 1990
Prinz William kommt nach Ludgrove auf eine private Vorbereitungsschule für Jungen im ländlichen Berkshire.

3. Juni 1991
Prinz William wird beim Training mit einem Freund von einem Golfschläger seitlich am Kopf getroffen. Die Verletzung muss operativ behandelt werden.

Dezember 1992
Die Trennung von Prinz Williams Eltern, Prinz Charles und Prinzessin Diana, wird öffentlich bekanntgegeben.

7. September 1995
Prinz William besucht die Oberschule am Eton College in Windsor.

April 1996
Catherine besucht das *Marlborough College*, eine gemischte Internatsschule in Wiltshire.

31. August 1997
Prinz Williams Mutter Diana, die Prinzessin von Wales, kommt in Paris bei einem Autounfall um Leben.

6. September 1997
Die Prinzen William und Harry gehen im Trauerzug für ihre Mutter mit und nehmen an ihrem Begräbnis in der Westminster Abbey teil.

CATHERINE

2001 — 2002 — 2003 — 2004 — 2005 — 2006 — 2007 — 2008 — 2010 — 2011

Juli 2000–August 2001

William und Catherine legen beide ein Sabbatjahr ein. Prinz William besucht Chile, Belize und Afrika und arbeitet auf britischen Milchfarmen. Catherine studiert in Florenz, nimmt an einem Entwicklungsprogramm in Chile teil und segelt auf Hochseejachten im Solent.

September 2001

Prinz William und Catherine treffen sich an der Universität von St. Andrews in Fife, Schottland, wo sie beide ein Magisterstudium aufnehmen. Sie bewohnen Zimmer im Studentenwohnheim St. Salvator.

26. März 2002

Prinz William besucht eine Modenschau für wohltätige Zwecke, an der seine spätere Braut Catherine als Model teilnimmt und zum ersten Mal ins Rampenlicht der Öffentlichkeit tritt.

September 2002

Prinz William und Catherine ziehen gemeinsam mit zwei anderen Studenten in eine Wohngemeinschaft in St. Andrews und gehen nach einiger Zeit immer öfter gemeinsam aus.

21. Juni 2003

Prinz William feiert seinen 21. Geburtstag mit einer Party unter dem Motto »Afrika« auf Schloss Windsor. Catherine ist unter den Gästen.

April 2004

Prinz William und Catherine werden während eines Skiurlaubs der Königlichen Familie in Klosters in der Schweiz zum ersten Mal zusammen fotografiert.

23. Juni 2005

Prinz William und Catherine schließen ihr Studium an der Universität St. Andrews, Schottland, ab: er mit einem schottischen Master of Arts in Geographie, sie in Kunstgeschichte.

Oktober 2005

Prinz William besteht die Aufnahmeprüfungen und wird von der Königlichen Militärakademie Sandhurst angenommen.

September 2005

Prinz William übernimmt seine erste Schirmherrschaft: für die Obdachlosenhilfe Centrepoint.

2006

Nach ihrem Abschluss arbeitet Catherine für *Party Pieces*, die Firma ihrer Eltern, und als Teilzeitkraft für die Kindermodekette *Jigsaw Junior*.

15. Dezember 2006

Prinz William absolviert die Königliche Militärakademie Sandhurst und tritt als Leutnant in das Gardekavallerieregiment *Blues and Royals* ein.

9. Januar 2007

Mediengedränge vor Catherines Wohnung an ihrem 25. Geburtstag. Prinz William bittet später darum, dass man sie in Ruhe lassen möge.

14. April 2007

Es wird bestätigt, dass sich Prinz William und Catherine getrennt haben.

1. Juli 2007

Prinz William und sein Bruder Prinz Harry treten als Gastgeber eines Gedenkkonzerts für Prinzessin Diana auf, an dem auch Catherine teilnimmt. Ihre Liebe entflammt aufs Neue.

11. April 2008

Prinz William wird auf dem Stützpunkt Cranwell nach einer anspruchsvollen zwölfwöchigen Pilotenausbildung in die Royal Air Force aufgenommen. Catherine nimmt an der Zeremonie teil.

17. Mai 2008

Catherine nimmt an der Hochzeit von Prinzessin Annes Sohn Peter Phillips mit Autumn Kelly teil und trifft die Königin zum ersten Mal.

16. Juni 2008

Die Königin ernennt Prinz William offiziell zum 1000. »Royal Knight Companion« des Hosenbandordens. Catherine nimmt am Festgottesdienst teil.

16. November 2010

Der Prinz von Wales gibt bekannt, dass Prinz William und Catherine sich im Oktober 2010 während eines Urlaubs in Kenia verlobt haben. Sie geben ihr erstes Interview als Brautpaar.

25. Februar 2011

Prinz William und Catherine eröffnen die 600-Jahr-Feier der Universität St. Andrews.

29. April 2011

Prinz William heiratet Catherine in der Westminster Abbey in London.

St SALVATORS HALL

LIEBESWERBEN

Im September 2001, als das Herbstlaub zu fallen begann, schrieben sich Prinz William und Catherine Middleton an der Universität von St. Andrews ein, und eine Liebesgeschichte nahm ihren Anfang.

Prinz William erklärt, er habe schon bei der ersten Begegnung mit Catherine 2001 erkannt, dass sie etwas Besonderes sei. Damals waren beide als Studienanfänger an der Universität von St. Andrews in Schottland der St. Salvators Hall of Residence zugeteilt worden. Zu Beginn fühlte sich Catherine dort wohler als Prinz William. Denn um übermäßigen Medienrummel zu vermeiden, hatte dieser die traditionelle Einführungswoche ausgelassen, in der eine Vielzahl von Veranstaltungen den Studenten Gelegenheit gibt, sich in der neuen Umgebung einzuleben.

Catherine wiederum erinnert sich daran, dass sie rot wurde und sich schüchtern zurückzog, als sie dem Prinzen zum ersten Mal vorgestellt wurde. Ihre anfängliche Befangenheit währte allerdings nicht lange, und die beiden fanden bald zu einem entspannten und lockeren Umgang miteinander. Bevor ihre Romanze begann, waren sie schon mehr als ein Jahr lang gute Freunde. Sie halfen einander bei ihren Aufgaben, lagen hinsichtlich ihrer Interessen auf einer Linie und liebten es, sich gegenseitig zu necken.

Zu Beginn des zweiten Jahres an der Universität zogen William, Catherine und zwei weitere Studenten in eine Mietwohnung in der Stadt St. Andrews. Hier wurden der Prinz und die Bürgerstochter ein Paar.

Linke Seite: Das Wohnheim St. Salvator's Hall of Residence, Universität St. Andrews, Schottland.

Oben: Catherine beim Tennisturnier in Wimbledon. Rechte Seite: Prinz William an seinem ersten Tag an der Universität von St. Andrews.

Prinz William ist davon überzeugt, dass sie ein festes Fundament für ihre Ehe legten, indem sie erst Freunde wurden und dann eine Liebesbeziehung eingingen.

Links: Prinz William, Catherine und Philippa Middleton am Spielfeldrand in Eton.

Oben rechts: Prinz William und Catherine während eines Skiurlaubs in Klosters.

Die Öffentlichkeit erfuhr zum ersten Mal 2004 von der Beziehung zwischen Prinz William und Catherine, als sie während eines Urlaubs im Schweizer Skiort Klosters zusammen fotografiert wurden.

Seither sind sie sich immer nahe geblieben. Selbst während ihrer mehrmonatigen Trennung 2007 wurden sie gelegentlich zusammen gesehen. Fotos zeigen sie Seite an Seite während des Gedenkkonzertes für Diana, zehn Jahre nach dem tragischen Tod der unglücklichen Prinzessin von Wales. Bald darauf waren sie wieder ein Paar, und Catherine zeigte sich wiederholt gemeinsam mit Prinz William in der Öffentlichkeit.

Oben: Prinz Harry, Prinz William und Catherine bei einem Rugby-Spiel in Twickenham, London.
Unten: Prinz Harry, Prinz William und Catherine beim Gedenkkonzert für Diana in Wembley, London.

Linke Seite und oben: Prinz William, seine Großmutter Königin Elisabeth II. und Catherine während einer Parade der Königlichen Militärakademie Sandhurst, Surrey, England.

2006 nahm Catherine in der Militärakademie Sandhurst an der Abschiedsfeier für Prinz William teil.

2008 fand Catherines erster offizieller Auftritt im Umkreis der Königlichen Familie statt, als sie Prinz Williams Aufnahme in den Hosenbandorden auf Schloss Windsor beiwohnte.
Nach der Bekanntgabe ihrer Verlobung am 16. November 2010 gaben Prinz William und Catherine ein Fernsehinterview, in dem sie sich sehr verliebt zeigten. Die Stärke ihrer Beziehung führen sie darauf zurück, dass diese sich über viele Jahre des Zusammenlebens entwickelt habe. Außerdem besäßen sie viele gemeinsame Interessen und den gleichen Sinn für Humor.
Im Februar 2011 traten sie erneut gemeinsam auf, als sie die 600-Jahr-Feier der Universität von St. Andrews eröffneten. Auf diese Weise kehrten sie an jenen Ort zurück, an dem ihre Liebesgeschichte einst begonnen hatte.

Oben: Prinz William und Catherine nach Abschluss seiner Ausbildung zum Piloten der Royal Air Force auf dem Luftwaffenstützpunkt Cranwell, Lincolnshire.
Rechts: Catherine bei der Hochzeit von Laura Parker Bowles und Harry Lopes in der St.-Cyriacus-Kirche, Lacock, Wiltshire.

HEIRATSANTRAG und VERLOBUNG

Der Heiratsantrag kam für Catherine überraschend, obwohl sie und Prinz William schon über eine mögliche Hochzeit gesprochen hatten.

Die beiden machten gerade mit ein paar Freunden Urlaub in einem Landhaus in Kenia. Prinz William hatte jede Einzelheit lange im Voraus geplant, damit alles perfekt ablaufen würde. Was genau geschah, bleibt ihr Geheimnis. Catherine hat aber preisgegeben, dass es unglaublich romantisch gewesen sei und dass sie natürlich Ja gesagt habe.

Links: Prinz William und Catherine geben ihre Verlobung bekannt, St. James's Palace, London, 16. November 2010.

Oben und gegenüberliegende Seite: Prinz William und Catherine bei ihrem ersten öffentlichen Auftritt nach ihrer Verlobung, der Taufe des Seenot-Rettungsbootes »Hereford Endeavour« in Anglesey, Nordwales.

Prinz William und Catherine führen die Stärke ihrer Beziehung darauf zurück, dass sich diese über viele Jahre des Zusammenlebens entwickeln konnte, dass sie viele gemeinsame Interessen und den gleichen Sinn für Humor besäßen.

Oben: Prinz William und Catherine während eines Besuchs der Universität von St. Andrews, der den Beginn der 600-Jahr-Feier einläutete.
Rechte Seite: Catherine und Prinz William auf der Hochzeit von Harry Meade und Rosie Bradford in der Kirche St. Peter und Paul, Northleach bei Cheltenham.

Saphire und Diamanten schmücken den Verlobungsring Prinzessin Dianas. Indem er das Kleinod seiner Braut an den Finger steckte, sorgte Prinz William dafür, dass seine verstorbene Mutter auf seiner Verlobungsfeier zumindest symbolisch zugegen war.

Volle drei Wochen lang hatte Prinz William den Ring in seinem Rucksack mit sich getragen und diesen dabei nicht aus den Augen gelassen. Nach altem Brauch wollte er bei Catherines Vater um deren Hand anhalten, aber zuvor wollte er sich gegenüber seiner künftigen Braut erklären. Er bekannte offen, dass er in Sorge gewesen sei, Michael Middleton könnte ablehnen. Nachdem sich aber alles gefügt hatte, waren sowohl Vater und Mutter Middleton als auch sein eigener Vater wie elektrisiert von dieser Nachricht.

Obwohl die Verlobung bereits im Oktober 2010 stattgefunden hatte, dauerte es noch bis zum 16. November, ehe sie Prinz Charles, der britische Thronfolger, offiziell bestätigte. Am 23. November 2010 trat schließlich Jamie Lowther-Pinkerton, der Privatsekretär der Prinzen William und Harry, mit der Nachricht an die Öffentlichkeit, dass die Ehe am 29. April 2011 in der Westminster Abbey geschlossen werden solle. Man habe das Datum gewählt, weil dies der Feiertag der heiligen Catherine sei.

Rechte Seite: 16. November 2010, England – Catherines Verlobungsring in Nahaufnahme, St. James's Palace, London.

DIE HOCHZEIT

Am 29. April 2011 wurden Prinz William und Catherine Middleton in der Westminster Abbey getraut.

Ganz London hatte sich für die Hochzeit herausgeputzt. Ein Fahnenmeer säumte die Mall und den Weg des Hochzeitspaares bis zur Westminster Abbey. Aber auch viele andere Gebäude der Stadt prangten im üppigen Flaggenschmuck.

Vor dem Buckingham Palace und der Westminster Abbey hatte man für die Medien zwei riesige Plattformen errichtet, von denen aus sich spektakuläre Ausblicke sowohl auf die Kirchenportale als auch auf den Balkon des Palastes boten.

Tausende von Schaulustigen, darunter zahlreiche Besucher aus dem Ausland, hatten sich auch von dem unsicheren Wetter nicht davon abhalten lassen, sich schon am Vortag die günstigsten Aussichtsplätze auf den Hochzeitszug zu sichern.

EGER

KATE
SSUE ON SALE TOMORROW

Links: David und Victoria Beckham auf dem Weg zur Kirche. Oben: Auch Sir Elton John war unter den geladenen Gästen.

Prinz William und Catherine hatten fast 2000 Gäste zu ihrer Trauung in die Westminster Abbey eingeladen.

Abgesehen von den Familienangehörigen des Brautpaares standen Angehörige ausländischer Königshäuser, Regierungsmitglieder, Parlamentsabgeordnete, sonstige Amts- und zahlreiche Würdenträger auf der Gästeliste, darunter Veteranen der Streitkräfte, Kirchenführer und Vertreter der unter Prinz Williams Schirmherrschaft stehenden Wohlfahrtsverbände.

Zu den Glücklichen, die der Zeremonie beiwohnen durften, zählten aber auch viele Gäste, die dem Brautpaar über persönliche Kontakte verbunden sind, darunter Kameraden vom Militär, Vertreter von Sport und Showgeschäft und natürlich auch einige persönliche Freunde.

Von den Hochzeitsgästen waren 600 zum anschließenden Empfang im Buckingham Palace und die Hälfte davon zum abendlichen Hochzeitsdinner mit anschließendem Tanz geladen.

Santa Palmer-Tomkinson und Tara Palmer-Tomkinson auf dem Weg zur Westminster Abbey.

Vor dem Westportal von Westminster Abbey erschienen (von oben im Uhrzeigersinn): Charlene Wittstock, die Verlobte des Prinzen Albert II. von Monaco; die Prinzessinnen Eugenie und Beatrice von York; Sophie, die Herzogin von Wessex und die Princess Royal Anne.

Links und oben: Carole Middleton, Prinz Charles und Camilla, Herzogin von Cornwall, treffen in Westminster Abbey ein.

Der britische Premierminister David Cameron.

Oben: Earl Spencers Töchter, Lady Kitty (vorn) und Lady Amelia. Folgende Doppelseite: Dr. John Hall, Dekan von Westminster, begrüßt Königin Elisabeth II.

Linke Seite: Prinz William trifft vor Westminster Abbey ein. Oben: die Prinzen William und Harry.

Dass Prinz William seinen jüngeren Bruder Harry zum Trauzeugen erkor, hat wohl nur wenige überrascht.

Wie die Middleton-Schwestern besuchten auch die Prinzen William und Harry die gleichen Schulen und wurden zu engen Freunden und Vertrauten. Auf der Hochzeit trug William die scharlachrote Uniform eines Obersten der Irish Guards mit dem blauen Band und dem Stern des Hosenbandordens sowie den Schwingen der RAF. Prinz Harry hingegen trug die schwarze Uniform eines Obersten der Gardekavallerie mit Ehrenzeichen für seinen Einsatz in Afghanistan sowie der Medaille zum 50. Thronjubiläum der Königin.

Vorhergehende Doppelseite: Catherine rollt in ihrem Wagen über die Mall vom Goring Hotel zur Westminster Abbey.

Oben und folgende Doppelseite: Im Rolls Royce Phantom VI der Königin fährt Catherine an der Westminster Abbey vor.

Tom Pettifer scherzt bei der Ankunft vor Westminster Abbey mit William Lowther-Pinkerton, Lady Louise Windsor und Margarita Armstrong-Jones.

Die Trauzeugin Philippa Middleton erscheint zusammen mit den Brautjungfern Grace van Cutsem and Eliza Lopes.

Catherine trug ein Brautkleid, das die britische Modeschöpferin Sarah Burton, Designerin des Modehauses Alexander McQueen, für sie kreiert hatte.

Das atemberaubend schöne schulterfreie Kleid zitierte sowohl Grace Kelly's Brautkleid aus dem Jahr 1956 als auch mittelalterliche Vorbilder. Geschaffen aus Organza und Seide in Weiß und Elfenbein, wurde es ergänzt durch ein langärmeliges Spitzenmieder und eine 2,7 Meter lange Schleppe. Das Mieder stützt sich auf viktorianische Vorbilder und gilt mittlerweile als eine Art Markenzeichen für die Schöpfungen des Hauses McQueen.

Die Spitze entstand in reiner Handarbeit an der Royal School of Needlework in Hampton Court Palace und wurde mit Motiven verziert, welche die vier Länder des Vereinigten Königreichs symbolisieren: die englische Rose, die schottische Distel, die walisischen Narzissen und das irische Kleeblatt. In konsequenter Fortführung der Zitate aus der Natur sollte das Kleid als Ganzes an eine sich öffnende Blüte erinnern.

Bei der Ankunft in Westminster Abbey war Catherines Gesicht hinter einem leichten Schleier von Seidentüll verborgen, der von einer »Halo«-Tiara gehalten wurde. Dieses bemerkenswerte Schmuckstück aus dem persönlichen Besitz der Königin war 1936 von Cartier geschaffen worden. Die Ohrringe der Braut hingegen waren ein Geschenk ihrer Eltern: birnenförmige Diamanttropfen von Robinson Pelham. Die stilisierten Eichenblätter korrespondierten mit Motiven im Familienwappen der Middletons.

Auch die Brautschuhe stammten aus dem Haus Alexander McQueen und bestanden aus elfenbeinfarbenem Seidenatlas, verziert mit Spitze von der Royal School of Needlework. Catherines Brautstrauß war aus Bartnelken, Hyazinthen, Maiglöckchen und Myrte komponiert und griff damit eine Tradition aus viktorianischer Zeit wieder auf.

In Begleitung des Brautvaters Michael Middleton und ihrer Schwester Philippa betritt Catherine Westminster Abbey.

Entgegen aller Tradition erschien auch die Trauzeugin Philippa Middleton in Weiß.

Das lange, schlichte, figurbetonte Kleid aus elfenbeinfarbenem Crêpe-Satin mit Wasserfallausschnitt ließ tiefe Einblicke zu. Verschlossen wurde es mit 58 seidenbezogenen Knöpfen. Wie das Brautkleid stammte es aus der Werkstatt der 36-jährigen britischen Modeschöpferin Sarah Burton für das Modelabel Alexander McQueen.

Die in der Familie und unter Freunden meist »Pippa« oder nur »Pip« genannte Philippa ist gut eineinhalb Jahre jünger als Catherine, und die beiden verbindet eine enge Freundschaft, denn sie gingen meist gemeinsame Wege, besuchten die gleichen Schulen, studierten beide in Schottland.

Am Arm ihres Vaters schreitet Catherine durch den Mittelgang der Westminster Abbey.

Vor dem Hochaltar von Westminster Abbey führt Michael Middleton Prinz William die Braut zu.

Dass die Trauung in Westminster Abbey stattfand, war nicht nur für Prinz William, sondern für die ganze königliche Familie von großer Bedeutung.

An dieser Stelle hatten sich viele Königspaare das Jawort gegeben, und hier hatte der Prinz als 15-Jähriger um seine Mutter getrauert. Das Brautpaar schätzt die Abteikirche nicht nur um ihrer erhabenen Schönheit willen. Sie ist auch ein Ort der Erinnerung – und sie kann 2000 Gäste aufnehmen, ohne den intimen Charakter des Altarraums preiszugeben.

Oben: Prinz William steckt Catherine den Trauring an. Dieser wurde aus walisischem Gold gearbeitet, das die Königin ihrem Enkel kurz nach der Verlobung des Paares geschenkt hatte. Gegenüber: Prinz William und Catherine im Altarraum.

»Ich, William Arthur Philip Louis, nehme dich,
Catherine Elizabeth, vom heutigen Tag an zu meiner angetrauten Frau,
in guten wie in bösen Tagen,
in Armut und Reichtum,
in Krankheit und Gesundheit,
dich zu lieben und zu ehren, bis dass der Tod uns scheidet.
Nach Gottes heiligem Gebot leiste ich dir den Treueschwur.«

THE KINGDOMS OF THIS WORLD ARE BECOME THE KINGDOMS

Die Brautmutter, Carole Middleton, und Catherines Bruder James.

Königin Elisabeth II. und Prinz Philip, der Herzog von Edinburgh.

Prinz William und Catherine, Herzog und Herzogin von Cambridge.

Nach der Trauungszeremonie: Prinz Charles, Prinz Philip, die Herzogin von Cornwall und Königin Elisabeth II.

Oben: Michael und Carole Middleton. Folgende Doppelseite: In einer Staatskarosse aus dem Jahr 1902 fährt das junge Paar zum Buckingham Palace.

Im Ascot-Landauer fährt Prinz Harry mit Lady Louise Windsor and Tom Pettifer über die Mall.

Königin Elisabeth II. und Prinz Philip, Herzog von Edinburgh, fahren in ihrer Kutsche zum Buckingham Palace.

Philippa Middleton auf dem Weg über die Mall zum Buckingham Palace.

Linke Seite und oben: Der Herzog und die Herzogin von Cambridge erscheinen im Buckingham Palace und begrüßen die Premierminister von Australien und Neuseeland.

GIRLS' BRIGADE

OK!
BRITISH

Vorhergehende Seiten und oben: Schaulustige drängen sich auf der Mall, als sich die königliche Familie, die Familie Middleton und die Hochzeitsgesellschaft auf dem Balkon zeigen.

Michael und Carole Middleton, Eliza Lopes, Prinz Charles, die Herzogin von Cornwall, Lady Louise Windsor, Grace van Cutsem, der Herzog und die Herzogin von Cambridge,

Margarita Armstrong-Jones, Tom Pettifer, William Lowther-Pinkerton, Königin Elisabeth II., Prinz Philip, Philippa Middleton, Prinz Harry und James Middleton.

Vorhergehende Doppelseite: Flugzeug-Veteranen der Royal Air Force aus dem Zweiten Weltkrieg überfliegen den Buckingham Palace.

Oben und folgende Doppelseite: In Prinz Charles' offenem Aston Martin DB6 fahren der Herzog und die Herzogin von Cambridge vom Buckingham Palace zum Clarence House.

»Gott, unser Vater, wir danken Dir für unsere Familien,
für die Liebe, die wir teilen, und für das Glück unserer Ehe.

Lass uns in den Wirren des Alltags auf das schauen,
was im Leben echt und wichtig ist, und hilf uns,
großzügig mit unserer Zeit, Liebe und Energie umzugehen.

Gestärkt durch unseren Bund, hilf uns,
die Leidenden zu unterstützen und zu trösten.

Darum bitten wir Dich um Jesu Christi willen.

Amen.«

Hochzeitsgebet von Prinz William und Catherine

Bildnachweis

Der Abdruck der Bilder erfolgt mit freundlicher Genehmigung von Getty Images und den jeweiligen Rechteinhabern mit Ausnahme von Seite 62: Terence Donovan Archive/Getty Images; Seite 194–195: Foto von SAC Neil Chapman; © UK MOD Crown Copyright 2011.

Zitatnachweis

Der Verlag bedankt sich für die freundlichen Genehmigungen zum Abdruck jener Zitate, die dem Urheberrecht unterliegen. Trotz aller Sorgfalt des Herausgebers war es aber nicht in allen Fällen möglich, die Originalquelle eines Zitats zu ermitteln. Irrtümer sind daher vorbehalten, werden aber auf entsprechende Hinweise in möglichen Nachaufl agen gern korrigiert.

Seiten 23–24, 33, 42 and 50: *The Times*, London, Abdruck mit freundlicher Genehmigung von *The Times* und NI Syndication

Seite 29: *LIFE*, © 1960, Abdruck mit freundlicher Genehmigung von The Picture Collection Inc. alle Rechte vorbehalten

Seite 30: *The New York Times* vom 15. Mai 1962; Seite 35: *The New York Times* vom 18. September 1964; Seite 55: *The New York Times* vom 2. Juli 1981; Seite 75: *The New York Times* vom 26. August 2001, © Abdruck mit freundlicher Genehmigung und entsprechend dem Urheberrecht der Vereinigten Staaten von Amerika. Die Verbreitung dieser Texte in Druck, Kopie, Übersetzung oder jedwede sonstige Verwertung ohne schriftliche Genehmigung des Verlages ist verboten.

Seite 47: *The Guardian* © Guardian News & Media Ltd 1947; Seite 58 und 61: *The Guardian* © Guardian News & Media Ltd 1981; Seite 78: *The Guardian* © Guardian News & Media Ltd 2002

Seite 67: *The Washington Post* © *The Washington Post*

Seite 81: The Sydney Morning Herald und *The Age* © Peter Fray, *The Age*

Titel der Originalausgabe: *A Fine Romance: 75 Years of Royal Weddings*

Erschienen bei PQ Blackwell Limited,
116 Symonds Street, Auckland 1010,
Neuseeland 2011
www.pqblackwell.com

Buchdesign: Sarah Anderson und Victoria Skinner
Zusammenstellung: Lisette du Plessis
Ergänzende Texte von Mary Atkinson,

Deutsche Erstausgabe

Ein Unternehmen der La Martinière Groupe
Übersetzung, Lektorat, Herstellung und Satz:
VerlagsService Dr. Helmut Neuberger &
Karl Schaumann GmbH, Heimstetten
Druck: Firmengruppe Appl, aprinta druck, Wemding

Printed in Germany

ISBN 978-3-86873-366-2

www.knesebeck-verlag.de